I0796689

REKEN ENFIMYÈ YO

Pa Julie K. Lundgren
Jean-Pierre Gaston

Yon Liv Crabtree Plantules

TAB DE KONTNI

Sipò Lekòl A Kay Pou Moun Kap Bay Swen Ak Pwofesè Yo

Liv sa ede timoun yo grandi lespri yo nan kite yo pratike lekti. Men kèk kesyon kap ede lektè yo bati konpreyansyon konpetans yo. Epons posib yo parèt an wouj.

Anvan Lekti:

- De kisa mwen panse liv sa ap pale?
  - *Mwen panse ke liv sa se sou reken enfimyè yo.*
  - *Mwen panse ke liv sa se sou ki jan yo dou ak ki jan yo pran swen.*

- Kisa mwen vle aprann sou sijè sa?
  - *Mwen vle aprann sou abitid reken enfimyè yo.*
  - *Mwen vle aprann ki kote reken enfimyè reken yo viv.*

Pandan Lekti:

- Mwen mande poukisa...
  - *Mwen mande poukisa yo rele yo reken enfimyè.*
  - *Mwen mande poukisa reken enfimyè rès pandan jounen an.*

- Kisa mwen te aprann jiskaprezan?
  - *Mwen aprann ke reken enfimyè yo kache anba resif yo.*
  - *Mwen te aprann ke yo a lachas pandan lannwit lan.*

Aprè lekti:

- Ki detay mwen te aprann sou sijè sa?
  - *Mwen te aprann ke reken enfimyè yo ka repoze men gran reken blan yo pa ka repoze paske yo dwe kontinye naje pou yo respire.*
  - *Mwen te aprann ke reken enfimyè vale pwason, kribich, ak kalma.*

- Li liv la ankò epi chèche mo vokabilè yo.
  - *Mwen wè mo **resif** nan paj 3, ak mo **altèr** nan paj 16. Lòt mo glosè yo nan paj 22 ak 23.*

REKEN ENFIMYÈ YO

Ki sa ki kache anba **resif** la?

Reken enfimyè yo! Pandan lajounen, yo repoze.

Lòt reken pa ka repoze. Yo dwe kontinye naje pou yo respire.

SA KI SOTI NAN DOSYE YO

Gran reken blan yo ak reken mako yo pa ka repoze.

Lannwit, reken enfimyè
yo al lachas.

Yo pa kouri dèyè **praw** yo.

Olye de sa, yo tou dousman ap fouye fon lanmè a.

Yo vale pwason, kribich, ak kalma.

kalma

SA KI SOTI NAN DOSYE YO

Sa ki soti nan dosye yo.

Altèr yo ede yo jwenn praw pa manyen sèlman.

SA KI SOTI NAN DOSYE YO

Poisson-chat yo itilize altèr yo menm jan.

Moun ki naje anba dlo yo jwenn ki kote yo ye plis pase nenpòt lòt reken.

SA KI SOTI NAN DOSYE YO

Ou ta ka jwenn youn nan yon **akwaryòm**!

Yo dou, men pa
karese youn!

SA KI SOTI NAN DOSYE YO

Yo gen anpil **dan** byen file!

GLOSÈ

akwaryòm: Yon akwaryòm se yon kote moun ka vizite pou wè pwason ak lòt bèt dlo.

altèr yo: Altèr yo tankou dwèt long ki mou sou figi yon reken enfimyè ki ede yo jwenn manje pa manyen sèlman.

dan: Dan yo blan, ti pati zo nan yon bouch ke yo itilize pou mòde ak moulen

moun ki naje anba dlo: divès yo se moun ki mete Kovèti pou ede yo respire anba dlo.

prwa: Praw se nenpòt bèt yon lòt bèt chase pou manje.

resif: Yon Resif se yon krèt ki fon anba dlo kote anpil bèt lanmè ap viv.

Endèks

Sou Otè A

Julie K. Lundgren

Julie K. Lundgren te grandi tou pre Lak Siperyè kote li te revele ke li te konn jwe nan forè yo, ranmase frèz yo, ak agrandi koleksyon wòch li yo. Enterè li mennen li nan pran yon degre nan byoloji. Li rete nan Minnesota ak fanmi li.

Websites

https://aqua.org/explore/animals/nurse-shark
www.montereybayaquarium.org/animals/animals-a-to-z/sharks

Ekri pa: Julie K. Lundgren
Ki fèt pa: Jennifer Dydyk
Editè pa: Kelli Hicks
Korektè: Janine Deschenes
Tradui pa: Jean-Pierre Gaston

Photographs: Shark illustration on cover logo © BATKA/Shutterstock; white shark illustration for "FROM THE FILES" © Dashikka/Shutterstock; Cover © Carlos Grillo/ Shutterstock.com; page 3 © Richard Whitcombe/Shutterstock.com; page 5 © Carlos Aguilera/Shutterstock.com; page 7 great white © KDR In-Focus Productions/ Shutterstock.com; mako © wildestanimal/ Shutterstock.com; page 9 © nicolasvoisin44/ Shutterstock.com; page 11 © Eric Carlander/Shutterstock.com; page 13 © Keith Levit/ Shutterstock.com; page 15 squid © George P Gross/Shutterstock.com, lobster © MIGUEL G. SAAVEDRA/Shutterstock.com; page 17 nurse shark © Yann hubert/Shutterstock. com, catfish © KT photo/Shutterstock.com; page 19 diver © Jag_cz/Shutterstock.com, aquarium © Evikka/Shutterstock.com; page 21 © frantisekhojdysz/Shutterstock.com;

Crabtree Publishing Company
www.crabtreebooks.com 1-800-387-7650

Published in the United States
Crabtree Publishing
347 Fifth Avenue
Suite 1402-145
New York, NY, 10016

Published in Canada
Crabtree Publishing
616 Welland Ave.
St. Catharines, Ontario
L2M 5V6

Printed in Canada/112021/CPC